Hein Timm

Snack mal wedder Platt

Ein plattdeutsches Wörterbuch in der Aufteilung
Hochdeutsch – Plattdeutsch
Angereichert mit norddeutschen Kochrezepten
und lustigen Versen.

Die Illustrationen sind von
Rosemarie Christen

Ernst Kabel Verlag

Die Texte »So'n Ool, de smeckt no mehr«, »Dat Grönkohleeten«, »Suerkrut mit Iesbeen un Arfenpüree«, »Fleederbeersupp, Fleederbeersupp«, »Brune Koken...«, »Bookweetengrütt...« und »Matjesfilet mit Kantüffel und Stipp« stammen aus der Feder von H. und W. Quade. Wir danken für die Abdruckgenehmigung.

Gesamtherstellung: Clausen & Bosse, Leck
ISBN 3-921909-35-x

Statt eines Vorwortes erscheint an dieser Stelle ein Auszug aus einem Brief des Autoren an den Verlag.

Die Arbeit ist geschafft! Über 2500 Wörter Plattdeutsch. Natürlich könnte ich weitere Wörter aufschreiben, doch der vorliegende Umfang reicht voll und ganz aus. Auch gibt es in der Übersetzung für etliche hochdeutsche Wörter verschiedene Begriffe – z. B.:

zwischen – mang – twischen
wo – woneem – neem
solch' – sodennig – so'n

All' dies hätte ich anführen können, doch hätte dieses ›Ausufern‹ nur Verwirrung gestiftet. Beschränkung tut not!
Auch bei der Schreibweise gibt es verschiedene Möglichkeiten. So kann man einiges, was man mit einem ›a‹ schreibt auch mit ›o‹ schreiben, man kann auch zwischen ›a‹ oder ›aa‹, zwischen ›o‹ oder ›oo‹, zwischen ›f‹ oder ›ff‹ usw. wählen. Wie man es letztendlich schreibt, mag willkürlich sein, nur falsch ist es nicht.
In meinem Elternhause wurde das Platt des Volkes gesprochen, und ich, Jahrgang 1908, habe es dort gelernt.
Mit der Muttermilch ist mir das Gefühl für diese Sprache vermittelt worden. Und von dem Gefühl für diese Sprache möchte ich etwas an die Leser meines Wörterbuches weitergeben.
Dennoch weiß ich natürlich: Nichts ist vollkommen – und dieses Büchlein schon lange nicht.

In diesem Sinne – mit den besten Grüßen von Haus zu Haus bin ich

Ihr
Hein Timm

Aal – Ool, de
Aal (kleiner geräucherter) – Smutt, de; Smoorool, de
Aalsuppe – Oolsupp, de
ab und an – affunan
ab und zu – affunto
abänderlich – affännerlich
abändern – affännern
Abänderung – Affännerung, de
abarbeiten – affarbeiten
Abart – Affoart, de
abbacken – to Enn backen
abberufen – affropen
abbetteln – affbetteln
abbezahlen – affbetolen
abbiegen – affbeegen
Abbild – Affbild, dat
abbinden – affbinnen, losmoken
abblasen – affblosen
abblenden – affblennen
abblitzen – affblitzen
abbrausen – affbrusen
abbrechen – affbreken; tweimoken
abbrennen – affbrennen
abbringen – affbringen
Abbruch – Affbruch, de

abbrühen – affbrühen
abbürsten – affbössen
abdanken – affdanken
Abdankung – Affdankung, de
abdecken – affdecken
abdrängen – affdrängen
abdrehen – affdreien
abdreschen – affdöschen
abdrücken – affdrücken
Abend – Obend, de
abends – avends, obens
heute abend – vunobend; hüütobend
Abendsonne – Avendssünn, de
aber – ober
abergläubig – averglöövsch; averglöbig,
Aberglauben – Avergloven, de
abfahren – affohren
Abfahrt – Affohrt, de
abfassen – affooten
abfegen – affegen
abfeilen – affiehlen
abfertigen – affartigen
abfinden – affinnen
Abfindung – Affinnung, de
abflauen – afflauen
abfliegen – affleegen
Abflug – Afflug, de
abgerieben – affreeben
abgeschlossen – affschloten
abgezogen – afftrocken
abgießen – affgeeten
abgraben – affgroben
abgrasen – affgrosen
abgreifen – affgriepen
abgrenzen – affgrenzen
abgründig – affgrünnig
Abgrund – Affgrund, de
abgucken – affkieken
Abgunst – Affgunst, de
abhacken – affhacken
abhängen – affhangen
abhaken – affhoken
abhalftern – affhalstern
abhalten – affholen
abhandeln – affhanneln
abhanden – affhannen
Abhandlung – Affhandlung, de
abhauen – affhauen

abheben – affheven
abhelfen – affhölpen
abhören – affheuren
abholen – affholen
abholzen – affholten
abjagen – affjogen
abkanzeln – affkanzeln
abkaufen – affkeupen
abklopfen – affkloppen
abkneifen – affkniepen
abknöpfen – affknöppen
abkochen – affkoken
abkommandieren – aff-kommandern
Abkommen – Affkumen, dat
abkratzen – affkratzen
abkühlen – affköhlen
abkürzen – affkörten
abladen – affloden
Ablader – Affloder, de
Ablage – Afflog, de
ablagern – afflogern
Ablauf – Affloop, de
ableben – affleven
Ableger – Afflegger, de
ableisten – affleisten
ableiten – afflieden
ablesen – afflesen
abliefern – affleevern
Ablösung – Afflösung, de
abmachen – affmoken
Abmachung – Affmo-kung, de
abmelden – affmellen
abmessen – affmeeten
abmontieren – affmontiern
abnagen – affnogen
Abnahme – Affnohm, de
abnehmen – affmogern, affnehmen
Abneigung – Affneigung, de
abnötigen – affneudigen
abnutzen – affnützen
abpflücken – affplücken
abpflügen – affpleugen
abplagen – affplogen
abquälen – affquälen
abrackern – affrackern
abradieren – affradiern; utradiern
abrahmen – affrohm'n
abraten – affroden
abrechnen – affreken
Abrede – Affreed, de

abreiben – affrieben
abrufen – affroopen
absacken – affsacken
Abschaum – Affschuum, de
Abschied – Affscheed, de
abschießen – affscheeten
abschinden – affschinnen
abschmieren – affsmeern
abschneiden – affsnieden
Abschnitt – Affschnitt, de; Törn, de
absegeln – affsegeln; affseilen
Abseite – Affsiet, de
abseits – afsiet; afwarts, affsiets
absenden – affsennen
Absender – Affsenner, de
absitzen – affsitten
absolut – affsoluut, afsluut
abspannen – affspannen
abspeisen – affspiesen
absperren – affsparrn
abspielen – affspeeln
Absprache – Affsprook, de
abspülen – affspeuln
abstecken – affsteeken
abstehen – affstohn
absterben – affstarven
abstoßen – affsteuten
abstreifen – affstrieven
absuchen – affseuken
abtakeln – afftokeln
Abteil – Affdeel, dat
Abteilung – Affdeelung, de
abtreiben – affdrieven
abtreten – affpedden
abwandern – affwannern
abwarten – affteuwen
Abwaschtuch – Fodook, dat; Affwaschdook, dat
abwegig – appeldwatsch
abwickeln – affwickeln; affrebbeln
abzählen – afftellen; affmelen
abzahlen – affbetohln
Abzeichen – Affteeken, dat
abziehen – afftrecken
abzweigen – afftwiegen
Abzweigung – Afftwiegung, de
acht – acht

achtundachtzig – tachen-untachentig; achun-achzig
achtzehn – achtein
achtzig – achtig
Admiral – Admirol, de
Adolf – Adje, de; Oodje, de
Advokat – Affkaat, de
Änderung – Ännerung, de
ärgerlich – argerlich; gnadderig
ärgern – argern; foppen
Affe – Aap, de; Oop, de
affig – aapsch
ahnen – swanen; ohnen
Ahnung – Ohnung, de
Aktion – Akschoon, de
albern – alvern
alle – all; alltohoop
allein – alleen
alles – allens; allns
alleweile – allwiel
allgemein – allgemeen
als – ass
Altenteil – Olendeel, dat
Alter – Öller, dat
anbeten – anbeeden
anbeißen – anbieten
anbieten – anbeeden
anbinden – anbinnen
anblasen – anblosen
anbrechen – anbreeken
anders – an's
anderswo – annerwegens
andeuten – andüden
Anfahrt – Anfoart, de
anfassen – anfoten
anfertigen – anfardigen
anfliegen – anfleegen
Anfrage – Anfroog, de
anfressen – anfreeten
Angabe – Angoov, de
Angeber – Angeever, de
angenehm – moi
angetrunken – andrunken
angewachsen – anwussen
angewöhnen – angeweunen
angreifen – angriepen
angreifend – angreepsch
Angst – Bammel, de; Fracksusen, dat
anheiraten – anheiroden
anheizen – anböten
anheuern – anhüern

Anhieb – Anhiev, de
ankleben – ankleven
ankleiden – ankleeden
anklopfen – ankloppen
anknüpfen – anknüppen
ankreiden – ankrieden
ankündigen – ankünnigen
anläuten – anlüüden
Anlage – Anloog, de
Anlauf – Anloop, de; Toloop, de
Anlegepfahl – Anlegpool, de; Poller, de
anlügen – anleegen
anmachen – anmooken
anmalen – anmoolen
anmelden – anmellen
Anmelder – Anmeller, de
anmerken – anmarken
anmessen – anmeeten
annähernd – halvweegs
annageln – annogeln
annagen – annoogen
Anprobe – Anproov, de
anprobieren – anproven
anraten – anrooden
anrechnen – anreeken
anreichern – anrieken
Anruf – Anroop, de
anschieben – anschuuven
anschießen – anscheeten
Anschlag – Anslag, de
anschleifen – ansliepen
anschließen – ansluuten
anschmieren – ansmeern
anschnauben – ansnuuven
anschneiden – ansnieden
anschreiben – anschrieven
anschreien – anschreen
anschuldigen – anschulligen
ansegeln – anseilen
Ansprache – Ansprook, de
anspucken – anspeen
anstatt – staats
anstecken – ansteeken
anstehen – anstohn
ansteigen – anstiegen
ansteuern – anstüern
Anstoßstein – Prallsteen, de
anstreichen – anstrieken
Anstreicher – Anstrieker, de
Anteil – Andeel, de
Antrag – Andrag, de

antreiben – andrieven
antrinken – andrinken
antworten – antern; antwoorden
anweisen – anwiesen
anwenden – anwenn
anwerfen – ansmieten
Anzeichen – Anteeken, dat
anziehen – antrecken
Anzug – Antog, de
Apfel – Appel, de
Apfelkuchen – Appelkooken, de
Apfelmund – Appelsnut, de
Apotheke – Affteek, de
Appetit – Aptiet, de
arm – pover
Armseligkeit – Povertee, de
Art – Oort, de
Ascheimer – Aschammer, de
Aschenbecher – Aschbeker, de
Atem – Puust, de
atmen – jappen
auch – ok
auf – op; upp, up
aufblasen – upblosen
aufbleiben – upblieven
aufbrausen – upbrusen
aufbrechen – upbreeken
aufdrehen – updreihn
Aufgabe – Upgoov, de
aufgabeln – upgobeln
aufgeschmissen – upsmeeten
aufgießen – upgeeten
aufgraben – upgroben
aufgreifen – upgriepen
aufhängen – uphangen
aufhaken – uphoken
aufhalten – upholln
aufheben – upheben
aufhelfen – uphelpen
aufheulen – uphulen
aufholen – upholn
aufklappen – upklappen
aufklopfen – upkloppen
Auflage – Uplog, de
auflauern – upluern
aufleuchten – uplüchten
aufmachen – upmoken
aufnähen – upnein
aufnageln – upnogeln

aufpeitschen – uppietschen
aufräumen – uprümen
aufrecht – piel; oprech
aufreiben – uprieben
aufreißen – uprieten
aufreiten – upрieden
aufsässig – opsässig, rebellsch, opsternaatsch
aufsagen – upseggen
aufschießen – upscheeten
aufschließen – upsluten
aufschnappen – upsnappen
aufschneiden – upsnieden
Aufschnitt – Upsnitt, de
aufschrauben – upschruben
Aufschrei – Upschree, de
aufschreiben – upschrieben
aufsitzen – upsitten
aufspüren – upspeuern
aufstechen – upsteeken
aufstehen – upstahn
aufstoßen – opsteuten
aufsuchen – upseuken
auftakeln – uptokeln
auftreten – uptreden
aufweisen – upwiesen
aufwenden – upwennen
aufwerfen – upsmieten
Auf Wiedersehen – adjüs; Tschüß
Aufwind – Opwind, de
Aufwischtuch – Opwischdook, dat; Feudel, de
aufzählen – uptellen
aufzäumen – uptüm
aufzeichnen – upteeken
aufzeigen – upwiesen
aufziehen – uptrecken
Aufzucht – Uptucht, de
Augapfel – Oogappel, de
Auge – Oog, dat
Augen – Ogen, de
Augenblick – Ogenblick, de
Augendoktor – Ogendokter, de
Auktion – Aukschoon, de
aus – ut
ausatmen – utotmen
ausbieten – utbeeden
ausbinden – utbinnen
ausblasen – utblosen

ausbleiben – utblieven
ausbleichen – utbleeken
ausbrechen – utbreeken
ausbreiten – utbreeden
Ausdauer – Utduer, de
ausdeuten – utdüden
ausdrehen – utdreihn
ausdreschen – utdöschen
auseinander – utenanner; voneen
ausfindigmachen – utfindigmoken; utklamüstern
ausfragen – utfrogen
ausfressen – utfreeten
Ausgabe – Utgaav, de
ausgezeichnet – uttekend
ausglühen – utgleuhn
ausgraben – utgroven
Ausguck – Utkiek, de
Ausguß – Utguss, de
ausheben – utheben
aushecken – uthecken; utklamüstern
aushelfen – uthelpen
auskneifen – utkniepen
auskochen – utkoken
Auskommen – Utkommen, dat
auskramen – utkromen
auskriechen – utkruupen
auskühlen – utkeuhlen
ausladen – utloden
Ausländer – Utlänner, de
Ausläufer – Utlööper, de
Auslauf – Utloop, de
auslüften – utlüften
ausmachen – utmoken
Ausmaß – Utmoß, dat
ausmessen – utmeeten
Ausnahme – Utnohm, de
ausprobieren – utproven
ausreiten – utrieden
ausrotten – utrotten
Ausruf – Utrop, de
Ausrufer – Utroper, de
aussaufen – utsupen
ausschenken – utschenken
ausschießen – utscheeten
ausschlachten – utslachen
Ausschlag – Utslag, de
ausschnauben – utsnuuven
ausschneiden – utsnieden
Ausschnitt – Utsnitt, de
ausschreiben – utschrieven
ausschreien – utschreen
Ausschuß – Utschuß, de

ausschwitzen – utsweeten
außen – buten
außer Atem – ut de Puust
außerhalb – uterhalv
ausspeien – utspeen
ausspucken – utspucken, utspein
ausstehen – utstohn
Aussteuer – Utstüür, de
aussteuern – utstüern
austreten – uttreden
ausverschämt – utverschaamt
auswachsen – utwassen
auswechseln – utwesseln
ausweiten – utwieden
auswerfen – utsmieten
Auswurf – Qualster, de
auszählen – uttellen
ausziehen – uttrecken
Axt – Ext, de

So'n Ool, de smeckt no mehr

Ick leck mi över'n Board
een över't anner Mol;
dat hett woarraftig Oart:
so'n fetten Rökerool!

Dorto een Köm un Beer, ick segg Di, dat haut hin!
So'n Ool, de smeckt no mehr, – komm her, ick lod Di in!

Frisch kümmt he ut de See
bi uns in't Holstenland.
He smeckt ook in Gelee;
dat's överall bekannt ...

Dorto een Köm un Beer, ick segg Di, dat haut hin!
So'n Ool, de smeckt no mehr, – komm her, ick lod Di in!

Du kannst em broden ook
scheun krosch in Diene Pann;
dat is een smackhaft Sook!
Sett gau an'n Disch Di ran!

Dorto een Köm un Beer, ick segg Di, dat haut hin!
So'n Ool, de smeckt no mehr, – komm her, ick lod Di in!

Mit Brodkantüffeln bi
in moger'n Schinkenspeck:
mien Fründ, kannst glöwen mi,
datt bannig good dat smeckt!!!

Dorto een Köm un Beer, ick segg Di, dat haut hin!
So'n Ool, de smeckt no mehr, – komm her, ick lod Di in!

Backenbart – Backenboart, de
Bänder – Bänner, de
Bahn – Bohn, de
Band – Stropp, dat
Bandage – Bandoj, de
barfuß – plattbars
Barsch – Boors, de
Bart – Boart, de
basteln – klamüstern
Bau – Buu, de
Bauch – Buuk, de
Bauer – Buur, de
Bauernhaus – Buurhuus, dat
Bauernhof – Buurhoff, de
Bauernschweiß – Buurnsweet, de
Baum – Boom, de
Baumeister – Buumeester, de
Beanstandung – Beanstannung, de
beaufsichtigen – beopsichtigen
Becher – Beeker, de
bedächtig – sinnig
bedauerlich – beduerlich
bedeuten – bedüden
bedienen – bedeenen

bedrückt – benaut
beeindrucken – beindrucken
beendigen – beennigen
Befinden – Befinnen, dat
befleißigen – beflietigen
befragen – befrogen
befühlen – befeulen
begleichen – beglieken
begnügen – begneugen
begraben – begroben
behandeln – behanneln
behalten – beholen
Behelf – Behölp, de
bei – bi
Beiblatt – Biblatt, dat
beibringen – bibringen
Beifall – Bifall, de
beikommen – bikamen
Beil – Biel, dat
beiläufig – bilöpig
Beilage – Biloog, de
Bein – Been, dat
beinahe – binoh
Beiname – Binoom, de
Beischläfer – Bislooper, de
Beischlaf – Bisloop, de
Beispiel – Bispill, dat
beißen – bieten
Beistand – Bistand, de
beistecken – bisteeken
beistimmen – bistimmen
Beitrag – Bidrag, de
beiwohnen – biwohnen
beraten – beroden
berechenbar – berekenboar
Berg – Barg, de
bergab – bargdol
bereit – praat
Beruf – Profeschon, de
beruhigen – begöschen
beschädigen – ramponiern
beschädigt – ramponeert
Bescheid – Bescheed, de
bescheinigen – beschienigen
beschimpfen – beschimpen
beschließen – besluten
beschmeißen – besmieten
beschneiden – besnieden
beschnüffeln – besnüffeln
beschreiben – beschrieven
beschuldigen – beschulligen
beschummeln – bedreegen

beschwerlich – lastig
beschwindeln – beswinneln
besehen – bekieken
beseitigen – besiedigen
Besen – Bessen, de
besetzen – besetten
besoffen – besopen
besonders – afsünnerlich; besonners
besprechen – bespreken
bespritzen – besprütten
besser – beter
Besserung – Beterung, de
Bestie – Beest, dat
Besuch – Beseuk, de
besuchen – beseuken; besöken
Besucher – Beseuker, de
beten – beden
Betonkasten – Betonkassen, de
Betrieb – Weeswark, dat
betrinken – besupen
betrübt – bedröövt
betrügen – bedreegen
Betrüger – Bedreger, de
Betrug – Bedrug, de
betrunken – besopen, duhn, benusselt
Bett – Puuch, de
Bettbezug – Sluup, de; Bettbetog, de
betteln – snurren
Beule – Buul, de
Beutel – Büdel, de
bewahren – bewohrn
bewandern – bewannern
bewenden – bewennen
bewundern – bewunnern
Bewunderung – Bewunnerung, de
bezahlen – betohln
bezeugen – betügen
Bier – Beer, dat
Biest – Beest, dat
Bilder – Biller, de
Binde – Binn, de
binden – binnen; sneren
Birne – Beer, de
Birnbaum – Beerboom, de
bis zu – bit to
bißchen – beeten
Blätter – Blöd, de
blamieren – blameern
blasen – blosen; pusten

blau – blaag
Blei – Blie, dat
bleiben – blieben; blieven
bleich – bleek
Bleistift – Bleestick, de
blind – blinn
blöd – bleud
Blödmann – Bleudmann, de; Tüffelachtein, de
Blödsinn – Bleudsinn, de
bloß – blot
Blümchen – Blöömken, dat
Blüte – Blööt, de
Blume – Bloom, de
Blumenstrauß – Bloomenstruß, de; Rükelbusch, de
Blut – Bloot, dat
blutig – blödig
Blutwurst – Blootwust, de
Bock – Buck, de
bockig – muulsch
Boden – Böhn, de
Bodentreppe – Böhntrepp, de
böse – beus, eisch
Bolzen – Bolten, de; Splint, de
Bräutigam – Brögam, de
Bratwurst – Braatwust, de
brauen – bruen
Brauerei – Broeree, de
braun – bruun
Brause – Bruus, de
Braut – Bruut, de
Brautführer – Bruutfeuhrer, de
Brecher – Breker, de
Brei – Brie, de; Paps, de
Breite – Breed, de
Brennessel – Brennettel, de
Brief – Breef, de
Brommelbeeren – Brummelbeern, de
Brot – Broot, dat
Brücke – Brüch, de
brüllen – brülln; roren
Brust – Boss, de
Buch – Book, dat
Buchhalter – Bookholler, de
Buchladen – Bookloden, de
Buchweizen – Bookweten, de
Buckel – Puckel, de

Bücher – Böker, de
Bürger – Börger, de
bürsten – bössen; schrubben
Burgunder – Burgunner, de
Butter – Bodder, de
Butterbrot – Bodderbroot, dat
Buttermilch – Boddermelk, de

Champagner – Susbruus, de; Knallwoder, dat
Chaussee – Schossee, de
Chef – Boss, de
Christ – Kriest, de
Cuxhaven – Cuxhoben

Brune Koken ...

Nu is dat wedder mol sowiet,
wi hebbt de »Brune Koken Tied«
Uns Mudder kunn de Plätten backen,
datt Groot un Lütt doröver snacken
Ehr Backkunst hebbt se all bewunnert,
se narr ut' achteinste Joahrhunnert
een ol Rezept, nu hör good to,
denn smeckt dien Koken ebenso

Veer Pund Sirup un veer Pund Mehl,
un Kardamum un noch Kanehl
de Sirup wör mit Zucker kokt,
un een Tass flüssig Bodder ook
denn keem de Pottasch, söbentig Gramm,
un noch so allerlei dor an
Un as uns Mudder dat harr trecht,
dor stell den Deeg se erstmol weg

He kreeg dree Wuchen 'n warmen Platz,
un Mudder höh em as een Schatz
Denn sä uns Mudder, wi fangt an,
hol gau mol foftein Blechen ran
Ick hol ehr her un müß fix schweeten,
veel lewer harr' ik Koken eeten
Uns Mudder rull den Deeg fein dünn,
ick smeer mit Bodder Blechen in

Denn bröch de Blechen ick no'n Bäcker,
wat röök de Backstuw doch bloots lecker
Up'n Disch, dor leeg ook Marzipan,
ick frög, backst du för'n Wiehnachtsmann
Na, kloar! sä Bäckermeister Muus,
un weer jüst bi een Hexenhuus
Nu goh man eerstmol 'n beeten weg,
sä he. Klock fief ist all'ns torecht

Uns Nowerssöhn, de lütt Johann,
de fot mi bi den Waschkorv an,
un ünnerwegs, wat hebbt wi eeten!
Datt dat up'n Darm slög, wer kunnt weeten?
An annern Morgen up den Schoolgang
dor harrn to dohn wi mit den Stohlgang
Un in de Klass, dat schaßt noch weeten,
hebbt beide wi de Büx vull-mookt.

As Festdags de Verwandten keem'
un düchtig vun den Koken nehm,
heff ick in Still'n all düchtig lacht:
du weeßt jo wull, wo ick an dacht.
Ick dacht bi mi: eet ji man fix!
Nohher hebbt ji ook vull de Büx!
Magst du ook brune Koken geern,
eet mäßig, denn kan nix passeern.

da – dor
dabei – dorbi
dableiben – dorblieben
Dach – Dack, dat
dämmern – schummern
dafür – dorvör
dagegen – dorgegen
dahinterkommen – dorachterkamen; achterkamen
dalassen – dorloten
damals – dormols
Dame – Daam, de
damit – dormit
Dampf – Damp, de
Dampfer – Damper, de
Dampfertuten – Dampertuten, dat
danach – dorno
daneben – dorneben; bito
darüber – doröber
darum – dorüm
dasitzen – dorsitten
daß – datt
dastehen – dorstohn
Dauer – Duur, de
dauern – duuren
Daune – Duun, de
davon – dofon
dazu – dorto

Decke – Deek, de
dehnbar – dehnbor
Deichsel – Dießel, de
dein – dien
Delikatessenhändler – Keeshöker, de
demütig – demödig
denkbar – denkbor
deutlich – düütlich
deutsch – düütsch
Deutsche – Düütsche, de
Deutschland – Düütschland, dat
dick – völlig
dickfellig – dickdreevsch
die – de
Dieb – Deef, de
Diele – Deel, de
dienen – denen
Dienst – Deenst, de
Dienstag – Dingsdag, de
dieser – düsse
Direktion – Direkschon, de
Donner – Dunner, de
Donnerstag – Dunnersdag, de
Doofer – Torfkopp, de
doppelt – duppelt
Dorfbewohner – Dörpslüüd, de
Dorsch – Dösch, de
Dose – Doos, de
Drachen – Draken, de
Draht – Drohr, de; Wier, de
draußen – buten
dreckig – smuddelig
Drehorgel – Dudelkassen, de
drei – dree
Dreibein – Dreebeen, dat
dreißig – dörtig
dreist – driest
dreizehn – dörtein
dreschen – döschen
Dritte – Drütt, de
drüben – dröben
drücken – printen
Düne – Düün, de
dünn – plörig
dürfen – dröven
Duft – Duff, de; Ruch, de
dumm – dösig; rammdösig
Dummkopf – Dööskopp, de

dunkel – düüster
dunstig – diesig
durchbeißen – dörchbieten
durcheinander – dörch-eenanner
durchessen – dörchfreeten
Durchfall – Dörchfall, de
durchgreifen – dörch-griepen
durchkreuzen – dörch-krüzen
durchlassen – dörchlooten
durchlaufen – dörch-loopen
durchschneiden – dörch-schnieden
durchsetzen – dörchsetten
durchstöbern – dörchstö-bern
durchsuchen – dörch-seuken
durchtanzen – dörch-danzen
durchtrinken – dörch-supen
durchwachsen – dörch-wussen
durchziehen – dörch-trecken
Durst – Döst, de
durstig – dößtig
dusselig – dömelig
Dussel – Taps, de
Dutzend – Dutzn, dat; Dutz, dat

Im Grimm ...

De öllste Stroot gifft dat in Hamburg
Dat steiht all in de Bibel bin
Glövst du dat nich, les doch dat Book dorch
Dor steiht, Kain erschlug Abel im Grimm

Ebbe – Ebb, de
eben – even
Eber – Ever, de
Ecke – Eck, de
Edelmann – Eddelmann, de
Egge – Eeg, de
Ehe – Eh, de
Ehefrau – Ehfru, de
Ehemannn – Ehmann, de
eher – eehr
Ehre – Ehr, de
Eichbaum – Eekboom, de
Eiche – Eek, de
Eichhörnchen – Eekkatt, de; Katteeker, de
Eid – Eed, de
Eifer – Iever, de
eifersüchtig – niedsch
eifrig – hiddelig; ievrig
eigentlich – egenlich
Eile – Iel, de
eilen – ielen
Eimer – Ammer, de; Emmer, de
Einbrecher – Inbreeker, de
einbuchten – inbuchten
eindecken – indecken
eindeichen – indieken
Eindruck – Indruck, de
einer – eener

einfach – eenfach
Einfahrt – Infohrt, de
Einfall – Infall, de
einfassen – infooten
einfetten – infetten
einflechten – inflechten
Einfluß – Influß, de
einfriedigen – infriedigen
Eingabe – Ingaav, de
Eingang – Ingang, de
eingebildet – inbild
eingeladen – inloodt
eingerichtet – inricht
Eingeweide – Kaldunen, de
Einheirat – Inheirot, de
Einhundert – Eenhunnert
einkapseln – inkapseln
Einkauf – Inkoop, de
einkaufen – inkeupen
Einklang – Inklang, de
einkleiden – inkleden
Einlauf – Inloop, de
einmal – eenmol
einmotten – inmotten
einnageln – innogeln
Einnahme – Innohm, de
einpacken – inpacken
einreiten – inrieden
eins – een
einsalzen – insolten
einsam – eensom
einschenken – inschenken
einschlafen – inslopen; druseln
einschmeicheln – anköteln
Einsicht – Insicht, de
einsparen – insporen
Einspruch – Inwand, de
einstmal – ins
eintauchen – instippen
einteilen – indeelen
Eintritt – Intritt, de
einwecken – inwecken
Eis – Ies, dat
Eisbahn – Iesbohn, de
Eisbein – Iesbeen, dat
Eisen – Iesen, dat
Eisenbahn – Iesenbohn, de
Eisheiligen – Ieshilligen, de
Eisschießen – Iesscheeten, dat
eitel – iedel
Elbe – Elv, de
elegant – schick

elendig – elennig
elf – ölven
Ellenbogen – Ellbagen, de
Eltern – Öllern, de
Emanzipation – Emanzipatschon, de
Ende – Enn, dat
Enge – Kniep, de
entbehren – missen
Ente – Aant, de
entzwei – twei, kaputt
entzweimachen – kaputtmoken
er – he
Erbsen – Arfen, de
Erbsenpüree – Arfenpüree, dat
Erbsensuppe – Arfensupp, de
Erdbeere – Eerbeer, de
Erde – Eer, de
erklären – verkloren
Erlaubnis – Verlööf, de
Ernte – Arnt, de
erstaunt – verdattert
erstes – ersdes
erwischen – tofaten
erzählen – vertelln, preestern
Erzähler – Dröhnbüdel, de
erzürnen – vertöörnen
Essen – Eten, dat; Kost, de
essen – eten
Essig – Etig, de
Esslöffel – Etlöpel, de
Esswaren – Fressalien, de
Etage – Etog, de
Eulenspiegel – Ulenspeegel, de

Fach – Fack, dat
Faden – Foden, de
Fahne – Fahn, de
fahrbar – fohrbor
fahren – fohrn
Falte – Fool, de
falten – kniffen; foolen
faltig – foolerig
Farbe – Farv, de
Fasan – Fasoon, de
Faß – Fatt, dat
Faßbier – Fattbeer, dat
fassen – faten
Fastnacht – Fastelavend, de
faul – fuul
faulig – gammel
Faust – Fuust, de
Feder – Fedder, de
Federhalter – Posensteel, de
Feier – Fier, de
Feierabend – Fierobend, de
Feiertag – Fierdag, de
Feige – Fieg, de
Feile – Fiel, de
feilen – fielen
Feind – Feend, de
Feinschmecker – Leckertähn, de; Fiensmecker, de

Fenster – Finster, dat
Ferne – Feern, de
Fernglas – Kieker, de
Ferkel – Farken, dat
Ferse – Hack, de
fertig – fardig
fest – fast
Festmacher – Fastmoker, de
Festtag – Festdag, de
Fetzen – Snippel, de
Feuerholz – Füerholt, dat
Feuerlöschgerät – Patschen, de; Füerlöschgerät, dat
Fieber – Fever, dat
fiebrig – fevrig
Filtertuch – Seihdook,
finden – finnen
Finkenwerder – Finkwarder, dat
Fischerei – Fischeree, de
Flachs – Flaß, de
Flagge – Flagg, de
Flasche – Buddel, de
Flaschenzug – Talje, de
Fleck – Placken, de
Fledermaus – Fleddermuus, de
Fleisch – Fleesch, dat
fleißig – flietig
Flieder – Fleder, de
Fliege – Fleeg, de
fliegen – fleegen
Flöte – Fleiht, de
Flotte – Flott, de
Flügel – Flunk, de
Flunder – Flunner, de
Flut – Floot, de
Fohlen – Fahlen, dat
fordern – föddern
Frage – Froog, de
Frankreich – Frankriek, dat
französisch – franzöösch
Franzose – Franzoos, de
Frau – Froo, de; Fru, de
frech – pampig
frei – free
Freiheit – Freeheit, de
Freitag – Freedag, de
fremd – frömd
Fresse – Freet, de
Freude – Freid, de
freuen – högen
Freuen – Högen, dat
Freund – Fründ, de

freundlich – fründlich
Freundlichkeit – Fründlichkeit, de
Frieden – Freeden, de
frieren – freren
Friese – Frees, de
frisch – kregel
frösteln – verklaamt
früh – fröh
früher – freuher
Frühjahr – Freujohr, dat; Vörjohr, dat
Frühstück – Fröhstück, dat
frühzeitig – tiedig
Fuchs – Voß, de
fühlbar – feuhlbor
fühlen – föhlen
fünf – fiev
fünfundfünfzig – fievunföfftig
fünfzehn – föfftein
fünfzig – foftig; föfftig
für – för
Fuge – Foog, de
Fuhre – Föhr, de
Fuhrmann – Föhrmann, de
Fuhrwerk – Fohrwark, dat
Fuß – Foot, de
Fußballspieler – Footballer, de
Fußboden – Footbodden, de
Fußgänger – Footgänger, de
Futter – Foder, dat
futtern – fodern
Futterrübe – Runkelrööv, de

Fleederbeersupp, Fleederbeersupp ...

To Harwsttied kannst up Supp di högen
De Groot un Lütt mookt veel Vergnögen
De Snack is hier vun Fleederbeern
Denn all de Minschen eet ehr geern
As letzt spazeern güng ick een Stück
Söh ick ehr blau un riep in'n Knick
Ick dach bi mi: Hol gau een Tüt
Bevör ehr noch een anner süht

Fleederbeersupp, dat schaß mol weeten
Is Original Holsteener Eeten

Un een, twee, dree reet ick ehr dol
Un hög mi up dat Middagsmohl
In't Huus kreeg ick to Füer den Putt
Schäll Appeln gau, een'n ganzen Dutt
Röhr Grießklümp an mit Weetenmehl
Nehm Nelkenküpp un ook Kanehl
Denn gew ick Zucker an de Supp
Un hög noch düller mi dor up

Fleederbeersupp, dat schaß mol weeten
Is Original Holsteener Eeten

Gabe – Gaav, de
Gabel – Gavel, de
Gänschen – Gössel, de
Gänserich – Ganterich, de
Gallionsfigur – Galjonsfigur, de
Gans – Goos, de
ganz – heel
ganz gleich – puttegaal
gar – gor
Garn – Gaarn, dat
gar nicht – gornich
Garten – Goorn, de
Gastwirt – Kröger, de
Gebäck – Stuten, de
geben – geven
Gebrauch – Gebruk, de
gebrechlich – wacksch
Geburtstag – Geburtsdag, de
Gedanken – Grappen, de
Geduld – Gedüür, de
geduldig – gedüllig
Gefäß – Kumm, de
Gefahr – Gefohr, de
Gefühl – Gefeuhl, dat
Gegenteil – Gegendeel, dat
gegenüber – gegenöver
gehen – gohn
geh mir weg – goh mi af

Gehirn – Breegen, de
gehorchen – pareren
Geige – Fiedel, de
geigen – gniedeln; fiedeln
geizen – giezen
geizig – giezig; neerig
gelb – geel
Geldbörse – Geldbörs, de; Geldbüdel, de
gelegen – topass
gelingen – glücken
gelten – gellen
gemein – gemeen, biesterig
Gemüsehändler – Gröönhöker, de
genau – nau
Gendarm – Schandarm, de
General – Generol, de
Genever – Jannever, de
Genick – Gnick, dat
genießen – geneten
genug – genoog
Gepäck – Packelaasch, de
gerade – graad
geradezu – stracks
Gerede – Gesabbel, dat
Gerichtsvollzieher – Panner, de
gering – ring
gern – geern
Gesangbuch – Salmbook, dat
geschehen – schehn
Geschichte – Geschicht, de
geschlagen – slogen; afrüscht
Geschmack – Gesmack, de
geschmeidig – smiedig
Geschwätz – Gedibber, dat
Gesellschaft – Sellschop, de
Gesicht machen – Snut upsetten
Gespenst – Spökel, de
gesprächig – spreeksch
Gestell – Reck, dat
gestern – güstern
gesund – sund
Getümmel – Gewrögel, dat
gewahr werden – wies warrn
Gewimmel – Gewrögel, dat
Gewitter – Gewidder, dat

Gewühl – Gewöhl, dat
gierig – happig
gießen – geten
Gitter – Gadder, dat
glatt – schier
glatte See – blanke See
Glaube – Gloov, de
glauben – glöven
gleich – egool
gleich, sofort – glieks
Glück – Dusel, de
Glut – Gloot, de
Goldammer – Geelgöösch, de
Gottlob – Gottloff, dat
Graben – Groben, de
gräßlich – asig
grauen – gruen
Graupen – Gruben, de
greifen – griepen
Grenze – Scheed, de
Grippe – Grüpp, de
Größe – Grött, de
groß – grọt
Großmutter – Grootmoder, de
großspurig – grootsporig
Großvater – Grootvader, de
Grube – Kuul, de
grübeln – grüveln
grün – greun
grüßen – gröten
Grütze – Grütt, de
gucken – plieren
Gurgel – Görgel, de
Gut – Goot, dat
gut – good
Gute – Goode, de
Guten Wind – gooden Wind

Nicht in jeden Hoben ...

'ne Fro frogt Seemann Hein mol uut
Hest du in jeden Hoben 'ne Bruut?
Nee, meent de Hein, dat ist nicht wohr
Ick wär noch nie in Baltimoor

Haar – Hoor, dat
haben – hebben
Händler – Höker, de
hängen – hangen
Hängeohr – Sluukohr, dat
häßlich – osig
Hafen – Hoof, de; Hoben, de
Hafer – Hover, de
Hahn – Hohn, de
Haken – Hoken, de
halb – halv
halbwegs – halvweegs
halten – holen
Hammel – Homel, de
Hammer – Homer, de
Hand – Patsch, de
handeln – hanneln
Handelsmann – Hannelsmann, de
Handschuh – Hanschen, de
Handvoll – Handvull, de
Haselnuß – Hasselnööt, de
Haube – Huuv, de
Hauerei – Bolzerei, de
Haufen – Hupen, de; Dutt, de
Haus – Huus, dat
Hausschuhe – Pampuuschen, de

Hausstand – Huusstand, de
Haustür – Huusdör, de
Haut – Huut, de
Hautschwellung – Quaddeln, de
Haverie – Haveree, de
heben – bören; heven
Heck – Heek, de
Heide – Heid, de
heilig – hillig
Heimat – Heimot, de
heimlich – stilkens
Heinrich – Hinnerk, de
heiß – hitt
heißen – heten
helfen – helpen
hell – hellig
hellsehen – spökenkieken
Hellseher – Spökenkieker, de
Hengst – Hingst, de
Henne – Heen, de
Herberge – Harbarg, de
Herbst – Harvst, de
Herbstzeit – Harvsttied, de
herum – rüm
herumkratzen – pulen
herumlaufen – herumloopen; strömern
Herumtreiber – Herumdriever, de; Strömer, de; Struntje, de
herunter – rünner
Herz – Hart, dat
Herzgrube – Hartkuhl, de
Heu – Hau, dat
Heuer – Hüür, de
heulen – hulen; jaulen
heute – hüüt; vondaag
heutzutage – hüütdogs
Hilfe – Help, de
Himmel – Heven, de
hineinstopfen – rinstoppen; pramsen
Hinkender – Hinkpoot, de
hinsteuern – henstüren
hinter – hinner; achter
Hinterkopf – Achterkopp, de
Hintern – Achtern, de; Gatt, dat
hochdeutsch – hoochdüütsch
höchstens – heuchstens

Höhe – Höcht, de; Heucht, de
hören – heuren
Hof – Hoff, de
hoffen – höpen
hohen – hogen
Holz – Holt, dat
Holzpantoffeln – Holtentüffel, de
Holzstiel – Holtsteel, de; Knüppel, de
Horizont – Kimm, de
Hose – Büx, de
Hühner – Höhner, de
Hülse – Hüls, de; Sluuv, de
hüpfen – hüppen
hüten – höden
Huf – Hoof, de
Hufeisen – Hoofiesen, dat
Huhn – Huhn, dat; Hauhn, dat
Hund – Keuter, de
hundert – hunnert
Hunger – Smacht, de
hungrig – smachtig
Hut – Hoot, de

Birn', Bohnen und Speck

Dat scheunste Eeten
Dat mußt du weeten
Dat is Birn', Bohn' und Speck
Wenn du erst smeckt hest
Son lüttjes beeten
Denn putzt du alles vom Tüller weg
Wie kann es auch wohl anders sein
Das schaufelt man sich gerne rein
Dat scheunste Eeten
Dat mußt du weeten
Dat is Birn', Bohn' und Speck

Djä vor olen Tieden, Mann
Dor geef dat een scheun Gericht
Man vertellt dor hüt noch von
Junge, dat weur een Gedicht
All de seuten Köckschen plietsch
Rund und ok so drall
Stunn' vor'n Herd und schnupperten
Und wunnerten sick all

De Madam harr wat in Putt
Wat to Begeistrung rieten mutt
All de Lüüd, de dat entdeckt
Süng'n, as se dorvon smeckt
Bis in die heut'ge Zeit hinein
Wie konnte das auch anders sein
Scheun'res heff ick nich entdeckt
Mein Gott, wi sowatt smeckt

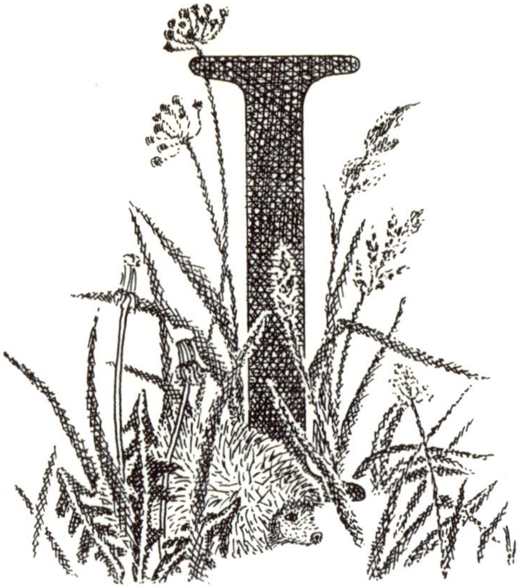

ich – ik, ick
Igel – Swienegel, de
Iltis – Ilk, de
immer – jümmers
Improvisation – Improvisatschon, de
imstande – instann
innerhalb – innerhalv
inständig – instännig
inwendig – inwennig
irdisch – eerdsch
ist – üss; is

ja – jo
jagen – jogen
Jahr – Johr, dat
jeder – jedereen
jemand – wen
Joachim – Jochen, de
Johannisbeere – Kakelbeer, de
jucken – jöken

Eeten und Drinken ...

Eeten und Drinken
Hölt Liev und Seel tosom
Eeten und Drinken
Dorto ne seute Deern
Mußt mol no'n Norden kom'
No Sleswig Holsteen
Bi uns dor kannst du dat kennen leern
Und wärst Du eenmol hier
Geiht Di dat nich ut'n Sinn
Denn kümmst Du immer wedder
Kiekst mol wedder in
Eeten und Drinken
Hölt Liev und Seel tosom
Eeten und Drinken
Dorto ne seute Deern

Eier, Bodder, Wust und Schinken
Krabben, Sprotten, Ool
Jede Menge ook to drinken
Alle Sorten Kohl
Farken, Swien, Ossen, Keu
Zeegen und ook Peer
Und noch veele aner Sooken
Givt dat bi uns hier
Dat scheunste, wat ick weet
Dor kommst sogor in Sweet

Kachelofen – Kachelaven, de
Käfer – Käver, de
Kälte – Küll, de
Käse – Kees, de
Kahn – Kohn, de; Schuut, de
Kalb – Kalv, dat; Stark, de
kalben – kalven
Kalender – Kalenner, de
kalt – koolt
Kamerad – Kamerod, de; Macker, de
Kamille – Kamell, de
Kammer – Kamer, de
Kaninchen – Kanink, dat
Kapitän – Käppen, de
kaputt – twei
kaputt machen – toschannen maken
Karambolage – Karamboloj, de
Karl – Kuddel, de
Karpfen – Karpen, de
Karre – Koor, de
Kartoffel – Kantüffel, de; Tüften, de
Kastanie – Kastang, de
Kasten – Kassen, de
Kate – Kaat, de

Kater – Koter, de
katholisch – kathoolsch
Katharina – Katrien, de
Katze – Katt, de
Kauf – Koop, de
kaufen – köpen
Kaufmann – Koopmann, de
kaum – kuum
Kautabak – Priem, de
Kehle – Slunk, de
kein – keen
kentern – kappheistern
Kerbe – Karv, de
Kerl – Keerl, de
Kessel – Ketel, de
Kesselklopfer – Ketelklopper, de
Kette – Keed, de
Keule – Küül, de
Kiebitz – Kievitt, de
Kind – Kind, dat; Gör, dat
Kinderbett – Kinnerbett, dat
Kindtaufe – Kinnelbeer, de
Kirche – Kark, de
Kirchspiel – Karkspeel, dat
Kirsche – Kaßbeer, de
Kissen – Küssen, dat
klagen – klogen
klappern – klötern
Klappzylinder – Schapoklak, de
klar – kloor
klarmachen – kloormoken
klatschen (Beifall) – klaffern
klatschen (reden) – sludern
Klaus – Klaas, de
kleben – kleven
Kleid – Kleed, dat
Kleidung – Kledaasch, de
Kleie – Schroot, dat
klein – kleen
Kleinkram – Puulkraam, de
kleinlich – nierig
Kleister – Kliester, de
kleistern – kliestern
klettern – klattern
Klingel – Bimmel, de
Klingelbeutel – Klingelbüdel, de
Kloben – Klaven, de
klopfen – kloppen; pukkern

Kloß – Klümt, de
Kloster – Klooster, dat
Klümpchen – Klacks, de
klug – klook
Klumpen – Kloot, de
kneifen – kniepen
Kneifer – Knieper, de
Kneifzange – Knieptang, de
Knie – Knee, dat
knien – kneen
Knoblauch – Knuuvlook, de
Knochen – Knaken, de
knochig – knökerig
Knoten – Knütt, de
knusprig – krosch
Köchin – Kööksch, de
König – Keunig, de
können – könen
Kopf – Kopp, de
kopfüber – koppheister; koppöver
Korb – Korf, de
Korn – Koorn, dat
kosten – kösten
Krähe – Kreih, de
Krämer – Kroomer, de
Krammetsvogel – Kramsvagel, de
Kran – Kraan, de
kratzen – kleien
kraus – kruus
Kraut – Kruut, dat
Kreide – Kriet, de
Kreisel – Krüsel, de
kreischen – krieschen
Kreuz – Krüüz, dat
Kreuzotter – Krüüzadder, de
kriechen – krupen
Krippe – Krüff, de
Kröte – Krööt, de
Kropf – Kropp, de
Kruke – Kruuk, de
Kuchen – Koken, de
Küche – Köök, de
Kümmel – Kööm, de
kümmerlich – klöterig
kündigen – künnigen
Küster – Köster, de
Kuh – Koh, de
Kunde – Kunn, de
Kupfer – Kopper, dat
kurz – kort

So'n Putt Labskaus

So'n Putt Labskaus jeder gern mol itt
nimm veel Pökelfleesch, un snie dat lütt
denn dreih man tüchtig, so is dat richtig
all'ns dörch 'n Fleeschwolf, djä, dat is wichtig
mußt in de Hand di vorher spein
un denn dat Pökelfleesch dörch'n Fleeschwolf dreihn

Een Barg Kantüffel, de möt mit rin
steek se in'n Wolf no eenanner in
Dreih wedder tüchtig, so is dat richtig
all'ns dörch den Fleeschwolf, is immer wichtig
dorum man rin, dorum man rin
dörch Kantüffel ward de Sook ers week un fien

'n Hupen Zibbeln dreih dörch mit'n Zack
de geeft den Labskaus Duft un Gesmack
Dreih wedder tüchtig, rechtsrum is richtig
all'ns dörch'n Fleeschwolf, djä, dat is wichtig
mußt nich bi ween, nur immer grien
denn Zibbeln sind vor'n Moogen Sünnenschien
Dat ward Labskaus, dat ward Labskaus
bi de Seefohrt good bekannt
Dat ward Labskaus, dat ward Labskaus
dat scheunste Eeten von de Woterkant

Nu nimmst du Gurken, so acht bit tein
un roode Beet glieks mit dörchdreihn
un immer tüchtig, denn dat is richtig
all'ns dörch den Fleeschwolf, djä, dat is wichtig
as Smutje muß du ok tüchtig dreihn
denn freut sick diene Kumpels un ok de Kaptein

Wenn se ok snackt, muß di nich scheun
smiet ord'nlich Hering rin, scheun fett un greun
dreih wedder tüchtig, denn is dat is wichtig
un immer rechts rum, so is dat richtig
wenn anner Lüüd sonstwat vertellt
Hering mööt rin, de kost vor'n Smutje nich veel Geld

Nu muß du Peper döröber streun
Worchestersauce dorto is scheun
denn reur un mantsch dat, dat mach de Mannschaft
holl stopp, 'n Spiegelei, so ward dat handfast
dorto 'ne Soltgurk un Köm un Beer
dat schüffelt man so weg, dor wünscht man sick noch mehr

Dat is Labskaus, dat is Labskaus
bi de Seefohrt good bekannt
dat is Labskaus, dat is Labskaus
dat scheunste Eeten von de Woterkant

lachen – lachen; grienen; smunzeln
Lade – Laad, de
laden – loden
Lächeln – Grientje, de
lächeln – grienen
Länge – Lengd, de
Lärm – Larm, de
lärmen – larmen
lärmend – ballernd; pulterig
Läufer – Löper, de
läuten – lüden
Lage – Laag, de
Lager – Loger, dat
lahm – lohm
Laienarzt – Quacksalver, de
Laken – Loken, dat
Landstreicher – Pennbroder, de; Penner, de; Landstrieker, de
Landwirtschaft – Bueree, de
langbeinig – langbeent
lange – lang
Langeweile – Langewiel, de
Langlauf – Langloop, de
langsam – langsom; suutje

Langweiliger – Langwielige, de; Traanküsel, de
langweilig – langwielig
Lappen – Slappen, de
lassen – looten
lateinisch – latiensch
Laterne – Lantücht, de
Laternenpfahl – Lantüchtenpool, de
Latte – Latt, de
Laub – Loof, dat
lauern – luurn
laufen – loopen
Lauffeuer – Loopfüür, dat
launisch – nücksch
Laus – Luus, de
Laut – Luut, de
laut – luut
lauter – luuthals
leben – leven
Leben – Leven, dat
lebendig – lebennig
Leber – Lebber, de
Leberwurst – Lebberwust, de
Lebtag – Leevdag, de
lecken – licken
Lederschürze – Ledderschört, de; Schootfell, dat
leer – leddig
legen – leggen
Lehnstuhl – Lehnstohl, de
Lehrer – Lihrer, de; Steißpauker, de
Leib – Lief, dat
Leibschmerzen – Liefpien, de
Leichdorn – Liekdoorn, de
leicht – licht
leid – leed
leiden – lieden
leidtun – leeddoon
leihen – lehnen
Leim – Liem, de
Leine – Lien, de; Lei, de
Leinen – Linnen, dat
Leinentuch – Linnendook, dat
Leinpfad – Lienpadd, de
leise – lies
Leiste – Liest, de
Leisten – Leesten, de
Lenker – Leidsmann, de
Lerche – Lark, de

Letzter – Lesde, de
Leuchter – Lücht, de
Leute – Lüüd, de
lieb – leef
Liebe – Leev, de
Liebste – Leefste, de
Liebster – Leefsten, de
liegen – liggen
Linde – Linn, de
links – linkerhand
Linkshänder – Linkpoot, de
Literat – Literot, de
Lob – Loff, dat
loben – loven
Loch – Lock, dat
Löffel – Lepel, de
lösen – leusen; pellen
löten – löden
Löwe – Lööv, de
Lokalanzeiger – Keesblatt, dat
losfahren – losfohrn
Lotse – Loots, de
Lotterbube – Lorbaß, de
Luder – Beest, dat
Ludwig – Lude, de
Lüge – Lög, de
lügen – lögen
lustig – kandidel

An Bord …

Speist do wirklich mol in See
Mokt dat nich in Luv sondern in Lee

machen – moken
Macher – Moker, de
Made – Mood, de
Mädchen – Meeken, dat; Deern, de
mähen – meihen
Mähne – Mahn, de
Märchen – Määrken, dat
Magen – Moog, de
Mahlzeit – Mahltied, de
Mal – Mool, dat
mal – mol
Maler – Moler, de
mancheiner – menigeen
manchmal – mänigmol
Mann – Kirl, de
man zu – manto
Markstück – Marksteek, dat
Marmelade – Marmelood, de
Marsch – Masch, de
Maschine – Maschien, de
Maß – Moot, dat
Matrose – Matroos, de
Matte – Matt, de
Mauer – Muur, de
mauern – muren
Maul – Muul, dat; Keek, de; Snuut, de

Maurer – Muurmann, de
Maus – Muus, de
Meile – Miel, de
mein – mien
meinethalben – mient-halven
meinetwegen – mient-wegen
Meinung – Meenung, de
meistens – tomeist
Meister – Meester, de
melden – mellen
Menge – 'n Barg
merken – marken
Messing – Missingsch, dat
Mettwurst – Mettwust, de
mich – mi
Milch – Melk, de
Milcheimer – Melkammer, de
Mist – Mess, de
Mitleid – Mitleed, dat
mitsprechen – mitprooten; mitsnacken
Mittag – Middag, de
Mittagessen – Middag-eeten, dat
mitten – tomeern
Mittwoch – Middeweken, de
möglich – meuglich
Möwe – Mööv, de
Mond – Maan, de
Montag – Maandag, de
Mord – Moord, de
Mücke – Mügg, de
müde – mööd
Mühe – Möh, de
Mühle – Möhl, de
Müller – Möller, de
mürbe – möör
müssen – mööt
Mütze – Mütz, de
Mund – Muul, dat
Mus – Moos, dat
Musiker – Muskant, de
Mut – Mood, de
Mutter – Modder, de; Mo-der, de
Muttertag – Moderdag, de

Dat Grönkohleeten ...

Jo, Grönkohl is een deftig Kost!
Man wichtig is de eerste Frost:
wenn ünner Null he ornlich knackt,
gifft he den Grönkohl eerst Geschmack
Bi't Koken dörfst nich sporsom sien:
in'n Putt, dor mutt wat rin vun't Swien
Kassler un Speck, Swiensback un Wüßt,
datt achteran good satt du büst.

In Holsteen is, dat schaßt man weeten,
ol' Tradit'schon dat Grönkohleeten
un dörum discht so mennig Club
bi Feste geern ook Grönkohl up.
Bi Rieders, Keglers, mennig Zunft
dor is un blifft de Grönkohl Trumpf,
wenn't heet, dat gifft een Fest to fiern.
Un fangt de Buuk ook an to piern,
wiel wull dat Eeten meist to schwor,
is för de Gäst dat jo mol kloar,
se drinkt 'n Köm glieks achteran
un fangt vun vörn to spachteln an.

As Clou, dat schaßt noch vun mi weeten,
dörfst Pellkantüffel nich vergeeten.
Recht lütt sünd se de reinste Freud,
wiel se, mit Zucker good bestreut
fein brunbrad ward, jüst as Kroketten.
Dat's an de Küst dat scheunste Eeten.
Un is to fett di düsse Kost:
vergeet den Köm nich. Ick segg ... Prost!

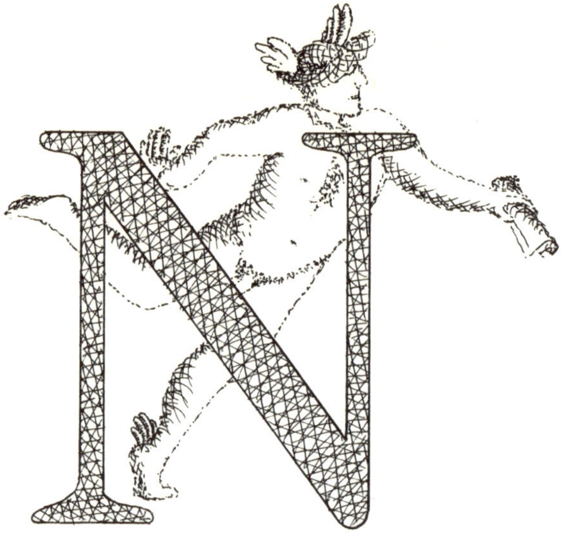

Nachbar – Naver, de
Nachbarsleute – Novas-lüüd, de
nachblicken – nokieken
nachdenklich – nadenkern
nachfolgend – nofolgend
nachfühlen – nofeulen
nachgeben – nogeven
nachgehen – nogohn
nachgießen – nogeeten
nachgrübeln – nogrübeln
nachgucken – nokieken
nach Hause – nohuus
nachher – nahstens; noher
nachjagen – nojogen
nachlässig – nahlässig; slunterig
nachlaufen – noloopen
nachlösen – nolösen
nachmachen – nahmoken; naapen
nachmessen – nometen
Nachmittag – Namiddag, de
Nachname – Tonaam, de
nachrechnen – noreken
Nachricht – Noricht, de
nachschleifen – nosliepen
Nachsehen – Nosehn, dat
nachsetzen – nosetten

Nachsicht – Nasicht, de
nachsitzen – nositten
nachsprechen – nospreken
nachsteigen – nostiegen
Nachteil – Nodeel, de
Nachtisch – Nodisch, de
nachtragend – nadreegsch
nachtrauern – notruern
nachtreiben – nodrieben
nachtreten – nopedden
nachtun – nodoon
nachwachsen – nowassen
nachweinen – noweenen
Nachweis – Nowies, de
nachzählen – notellen
nachzeichnen – noteken
nachziehen – notrecken
Nacken – Nack, de
nackt – naakt
Nadel – Nodel, de
nächste – nächst; tokamen
nächstens – nööst
Nähe – Neeg, de
nähen – neien; prünen
näher – neuger
Nähzeug – Neihtüch, dat
Nagel – Nogel, de
nagen – gnagen
nahe – neeg; noh
Name – Naam, de
Narbe – Narv, de
naschen – snopen
Naschkram – Nasch-kroom, de; Snopkroom, de
Nase – Nääs, de; Zinken, de
Nasenlaufen – Snodder, de; Nääsdrüppel, de
naß – natt
naßkalt – nattkoolt
Nebel – Nevel, de
nebelig – nevelig
neben – neven
Nebenraum – Affsiet, de
neidisch – affgünstig
nein – nee
nervös – nerveus; hiddelig
Netz – Nett, dat
neu – nee
Neugier – Nieschier, de
neugierig – neeschierig
Neujahr – Niejohr, dat
neulich – nülich
neumodisch – niemoodsch
neun – negen

neunzehn – negentein
neunzig – negentig
nicht – nich
nichts – nix
nieder – nedder
Niedersachsen – Neddersassen, dat
niedlich – nüüdlich
Nieselregen – Snudderregen, de
niesen – pruuschen
nirgends – narms
nörgeln – quarken
nötig – neudig
nötigen – nödigen
Norden – Noord, de
Not – Noot, de
notwendig – nödig
Nüsse – Nööt, de

oben – baven
obenauf – bavenup
obgleich – obschoonst
Ochse – Oß, de
oder – odder
Öl – Euel, dat
Ölhose – Eulbüx, de
Ölzeug – Eultüg, dat
Öse – Eus, de; Eusch, de
ohne – ahn
Ohnmacht – Ahnmacht, de
Onkel – Ohm, de
ordentlich – orenlich
Osterabend – Paaschobend, de
Osterfeuer – Oosterfüür, dat
Ostern – Paasch, de

Ick seh di …

Ick seh di
Dat freit mi
Ick sup di to
Dat do

PROST

Ick heb di tosapen
Hest'n Rechten drapen
Un deshalb PROST
Un nochmols PROST

An de Küst und wiet in Binnenland
Gifft'n Klor'n un de is best bekannt
In ne linke Hand een Lepel ut Tinn
Geet den iskold Kloren rin
Kiek dien Gegenöber ruhig in't Gesicht
un segg to em, un he to di torüch

Ick seh di
Dat freit mi
Ick sup di to
Dat do

PROST

Ick heb di tosapen
Hest'n Rechten drapen
Un deshalb PROST
Un nochmols PROST

Paar – Poor, dat
Packkorb – Packkorv, de
Packpapier – Packpopier, dat
Päckchen – Poket, dat
Palme – Palm, de
Pantoffel – Latschen, de; Pantüffel, de
Papier – Papeer, dat
Pappe – Papp, de
Papst – Paap, de
Parkleuchte – Parklücht, de
Parkzeit – Parktied, de
passieren – passeren
Pastor – Paster, de; Preester, de
Pate – Paat, de
Pech – Pick, dat
Pedale – Pedol, de
Pein – Pien, de
Peitsche – Pietsch, de; Sweep, de
Pellkartoffel – Pillkantüffel, de
Perpendikel – Parpendikel, de
Perücke – Prüük, de
Petersilie – Petersill, de
pfänden – pannen

Pfaffe – Paap, de
Pfahl – Pahl, de
Pfandhaus – Pandhuus, dat
Pfanne – Pann, de
Pfarrer – Preester, de
Pfeffer – Peper, de
Pfeife – Piep, de
pfeifen – piepen
Pfeiler – Pieler, de
Pfennig – Penn, de
Pferd – Peerd, dat
Pferdeapfel – Peerappel, de
pfiffig – plietsch
Pfingsten – Pingsten, de
Pfingstfreude – Pingsthöög, de
Pfingstochse – Pingstoß, de
Pfingsttour – Pingsttour, de
Pflanze – Plant, de
Pflanzer – Planter, de
Pflaume – Plumm, de
pflegen – plegen
Pflicht – Plicht, de
pflügen – plögen
Pflug – Ploog, de
Pforte – Poort, de
Pfosten – Posten, de
Pfote – Poot, de
Pfriem – Preem, de
Pickel – Piek, de
piepen – jiepen
Pinsel – Quast, de
Plage – Plaag, de
plagen – plogen; affrackern
Plan – Plaan, de
Plattdeutsch – Plattdüütsch, dat
Plattenspieler – Plattenspeeler, de
Platzanweiser – Platzanwieser, de
Plunder – Krimskraam, de
polnisch – poolsch
Postbeamter – Postkeerl, de
Posten – Boontje, de

Nanu seggt he …

Hein geiht mit ondoliertem Gang
Det Nachts de Reeperbohn entlang
Dor, bums, knallt he mit eenem mol
Mit'n Kopp gegen 'n Latüchenpool
Na, he verfiert sik und wokt op
He schüttelt sik, foot sik an ' Kopp
Nanu, seggt he, he seggt nanu
Bin ick schon to Huus bi miene Fru?

Rabe – Raav, de
Räuber – Röver, de
räubern – rövern
Räucherkate – Rökerkaat, de
räuchern – rökern
räumen – rümen
Rahm – Rohm, de
Rahmen – Rohmen, de
Ramme – Ramm, de
rascheln – ruscheln
rasen – raast
rasieren – rasern
Rasse – Raaß, de
Rasselbande – Rackertüüch, dat
rasseln – rötern
Rat – Raat, de
raten – raden
Rathaus – Rothuus, dat
Ratte – Rott, de
Raub – Roof, de
rauben – rooven
Rauch – Smook, de
rauchen – roken; paffen; smöken
rauh – ruuch
Rauhreif – Ruhriep, de
Raum – Ruum, de

Raupe – Ruup, de
rauskommen – ruutkomen
raussehen – ruutkieken
Rebhuhn – Raphohn, dat
rechnen – reken
Rechnung – Reken, de
redselig – sabbelig
regieren – regeren
regnen – pladdern
Reibeisen – Rieviesen, dat
reich – riek
Reichtum – Riekdom, de
Reihe – Reeg, de
Reim – Riemel, de
reimen – riemen
reinkommen – rinkomen
reinsehen – rinkieken
Reis – Ries, de
Reise – Reis, de
Reiserei – Reiseree, de
Reisigbesen – Riesbessen, de
Reißnagel – Rietnogel, de
Reißverschluß – Rietverschluß, de
reiten – rieden
Reiter – Rieder, de
Reiterei – Riederee, de
Reitpferd – Riedpeerd, dat
Reitstiefel – Riedsteebel, de
rennen – rönnen
Rennpferd – Rennpeerd, dat
retten – redden
Retter – Redder, de
Revision – Revischoon, de
Richtung – Richt, de
riechen – rüken
Riecher – Rüker, de
Riemen – Reem, de
Riese – Rees, de
Rindfleisch – Rindfleesch, dat
Rolle – Rull, de
Rose – Roos, de
Rosinen – Rosien, de
Rote Kreuz – Rodekrüüz, dat
Rückfahrkarte – Rückfohrkort, de

Rode Grütt ...

Rode Grütt, rode Grütt is een Eeten
un du warst rundherum alles vergeeten
Rode Grütt, mit Melk oder Sahne
ok Vanillesauce smeckt wunnerbor
Rode Grütt, rode Grütt, noch 'n Teller
un vom heuchsten Stock bit in den deevsten Keller
wünscht man immer wedder rode Grütt
Rode Grütt, rode Grütt, rode Grütt
Dorüm immer noch 'n Teller rode Grütt
denn dat is 'n Götterspies, is doch klor

Hermann Claudius vor veelen Johr'n
hett dat ok schon dormols erfohr'n
un he seggt, Rodegrütt, Rodegrütt
kiek mol, wat lütt Heini hüt itt
un dat is von mi nich vermeeten
se warrn all gern rode Grütt eeten
wenn se dat Rezept hier kennen lern
eeten se bestimmt ok rode Grütt gern

Nimm toerst mol Johannis oder Himbeern
un ok Kirschen un wasch de scheun fien
Saft un Zucker nu opkoken
unner Reuern streust du Gries mit rin
etwas Woter und Schale von Zitron'
un denn kokst du de Grütt nich to dick
un tum Schluß noch 'n Schuß mit Cognac
gleuw mi, dat is de beste Trick

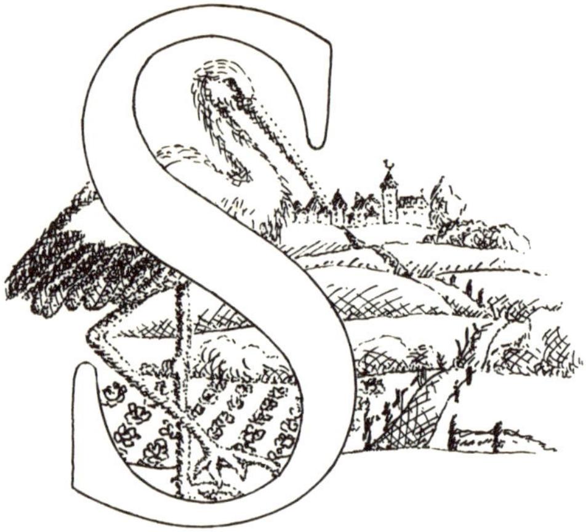

Saal – Sool, de
Saat – Saat, de
Sache – Saak, de
Sachsen – Sassen, dat
säen – seien
Säge – Saag, de
Sägemehl – Saagkaff, dat
Sägespäne – Saagspöhn, de
säuern – süren
Säufer – Süper, de
Saft – Sapp, de
sagen – seggen
Sahne – Rohm, de
Salbe – Salv, de
Salz – Solt, dat
Sattler – Saadler, de
Sau – Sög, de
sauber – püükfien
Sauberkeit – Proppertee, de
Sauce – Stipp, de
sauer – suer
Sauerkohl – Suurkohl, de
saufen – supen
saugen – sögen
sausen – susen
sechs – söß
Sechsling – Sößling, de
sechzehn – sößtein
sechzig – sößtig

Seehafen – Seehoben, de
Seehund – Saalhund, de
Seele – Seel, de
Seeleute – Seelüüd, de
Seezunge – Seetung, de
Segel – Seil, dat
Sehne – Sehn, de
sehen – sehn; kieken
sehr viel – bannig veel
Seide – Sied, de
seifen – sepen
Seil – Reep, dat
sein – sien
seit – siet
Seite – Sied, de
seitlich – scheel
Sekunde – Sekunn, de
selber – sülm
selbst – sülven
selbstgebacken – egenbackt
selten – raar
Senf – Semp, de
Sense – Seeß, de
September – Micheelismaand, de
setzen – setten
sich – sick
sicher – seker
sie – se
Sieb – Seef, dat
sieben – söven
Siebente – Söövte
siebzehn – söventein
siebzig – söventig
Siegel – Siegel, dat
Silbe – Sülv, de
singen – gröln; kreihn
sinken – sacken
sitzen – sitten
Skandal – Schandaal, de
Sklave – Slaav, de
sobald – sograat
sofort – op'n stutz
sogleich – foorts
Sohle – Sahl, de
Sohlenleder – Sahlenledder, dat
Sohn – Söhn, de
solch – so'n
soll – schall
Sommersprossen – Sünnsprütten, de
Sommerzeit – Sommertiet, de
sonderbar – snaaksch

Sonnabend – Sünnavend, de
Sonne – Sünn, de
Sonnenschein – Sünnschien, de
Sonntag – Sünndag, de
soso – sühso
souflieren – inseggen
sowas – sowatt
sozusagen – sotoseggen
später – loter
spalten – splieten
spanisch – spaansch
Sparkasse – Spaarkaß, de
Spaß – Spaaß, de
Spaten – Spaden, de
Spatz – Lüünk, de
Speicher – Spieker, de
Speise – Spies, de
Speisekammer – Spieskamer, de
Spende – Spenn, de
spendieren – spenderen
Spiegel – Spegel, de
Spiel – Speel, dat
spielen – speelen
Spielerei – Speelwark, dat
Spielsachen – Speelsoken, de
Spielzeug – Speeltüg, dat
Spieß – Speet, de
Spinne – Spinn, de
Spinnweben – Spinnweev, de
Splitter – Spleet, de
spöttisch – spietsch
Sprache – Spraak, de
sprechen – snacken; praaten
Sprichwort – Sprickwoort, dat
Springtau – Tüdelband, dat
Spritze – Sprütt, de
spritzen – sprütten
spröde – sprööd
Sproß – Spraat, de
Sprüche – Spröök, de
spucken – speen
spülen – spölen
Spuk – Spöök, de
Spule – Spool, de
Spundloch – Spundlock, dat
Spur – Spoor, de

suchen – söken
Sünder – Sünner, de
süß – sööt
Superintendent – Supperndent, de
Suppe – Supp, de

Ick hög mi up
Suer Supp …

O, wat hög ick mi dor up:
Sünndag gifft't bi uns »Suer Supp!«
De geiht mi nich ut den Sinn,
wiel'ck dor richdig narrsch no bün!
Mudder kann so scheun ehr koken:
se holt sick 'n Schinkenknoken,
Plumm un recht veel Suppenkrut, –
jo, uns' Mudder hett dat rut!

O, wat hög ick mi dor up:
Sünndag gifft't bi uns »Suer Supp!«

Mudder sett kold' Woter up
un nimmt Essig för de Supp;
all'ns lett Mudder ornlich koken
up den gooden Schinkenknoken.
Solt un Zucker, dat schaßt weeten,
deit uns' Mudder nie vergeeten.
Is de Krom denn richdig goar,
möt dor Klümp rin, dat is kloar.

Dorüm hög ick mi dor up:
ick eet bannig geern »Suer Supp« …

schaben – schaven
schade – schood
Schaden – Schood, de
schäbig – spökig
schämen – schamen
schäumen – schümen
Schaf – Schoop, dat
schaffen – schapen
Schafskötel – Schoopskö-del, de
Schaftstiefel – Schächten-stevel, de
Schale – Schell, de
Schande – Schann, de
scharf – scharp
Schatten – Schadden, de
schaudern – schuddern
Schaufel – Schüffel, de
Schaukel – Wipp, de
schaukeln – sweuen
Scheibe – Schief, de
scheiden – scheden
scheißfreundlich – schie-tenfründlich
Schelte – Schell, de
Schemel – Schamel, de
Schenkel – Schinkel, de
scheu – schu
scheuern – schüürn
Schieber – Schuver, de

Schiebkarre – Schuuvkaar, de
Schieblade – Schuuflaad, de
schief – scheef
schiefgelacht – scheeflacht
schielen – schelen
Schienbein – Schienbeen, dat
Schiene – Scheen, de
schießen – scheten
Schießgewehr – Scheetgewehr, dat
Schiff – Scheep, dat
Schiffer – Schipper, de
Schiffskoch – Smuttje, de
Schiffsküche – Kombüüs, de
Schilder – Schiller, de
Schilfrohr – Reet, dat
Schilfrohrdach – Reetdack, dat
Schimmel – Spaak, de
Schimmer – Schemer, de
schimmern – schemern
schimpfen – schimpen
schinden – schinnen
Schinderei – Schinneree, de
Schinken – Swiensmors, de
schlachten – slachten
Schlachterei – Slachteree, de
Schlaf – Sloop, de
Schläfrigkeit – Slooprigkeit, de
schlafen – sloopen
Schlag – Slag, de
schlagen – slaan
Schlange – Slang, de
schlank – slank
schlecht – slecht
Schlehe – Slöh, de
Schlehenbusch – Slöhnbusch, de
schleichen – slieken
schleichend – slierig
Schleier – Sleuer, de
Schleife – Sleuf, de
schleifen – sliepen
Schleifstein – Sliepsteen, de
Schleppe – Sleep, de
schleppen – sleepen
schleusen – slüsen
schlicht – slicht
schließen – sluten

Schlinge – Sleng, de
Schlingel – Slüngel, de
Schlitten – Sleden, de
Schloß – Slott, dat
Schluck – Sluck, de
schlucken – sluken
Schlüssel – Slötel, de
schmal – small
Schmalz – Smolt, dat
schmecken – smecken
schmelzen – smölten
Schmerzen – Wehdaag, de
Schmied – Smeed; Meister Gleunig
schmieden – smeden
Schmiere – Smeer, de
schmieren – smeeren
schmierig – smeerig
schmunzeln – smüstern
schmutzig – schiedig
Schnabel – Snavel, de
schnarchen – snorken
schnattern – snatern
schnauben – snuven
Schnauze – Snuut, de
Schnecke – Snick, de
Schnee – Snee, de
schneiden – snieden
Schneider – Snieder, de
Schneiderin – Sniedersch, de
schneidern – sniedern
schneien – sneen
schnell – gau
Schnitt – Snitt, de
Schnitte – Sneed, de
schnüren – snören
Schnupfen – Snööv, de
Schnupftabak – Snuuvtoback, de
schön – scheun; smuck
Schöne – Scheune, de
Scholle – Schull, de
schon – al
schon wieder – alwedder
Schoner – Schuner, de
Schonzeit – Schoontied, de
Schornstein – Schosteen, de
Schornsteinfeger – Sottje, de
Schoß – Schoot, de
Schotenerbse – Paalarf, de
schräge – schraag
Schrank – Schapp, dat
Schraube – Schruuv, de

schrauben – schruven
Schraubenschlüssel – Schruvenslötel, de
schreiben – schrieven
Schreiberei – Schrieweree, de
Schreibplatte – Schrievplatt, de
Schreibstube – Schrievstuv, de
Schreibtisch – Schrievdisch, de
Schreibweise – Schrievwies, de
schreien – schreen
Schrotmühle – Schrootmöhl, de
Schürze – Schört, de
Schüssel – Putt, de
Schüsseltuch – Faatdook, dat
schütten – schüdden
Schütze – Schütt, de
Schuh – Schoh, de
schuldig – schullig
Schule – School, de
Schulter – Schuller, de
Schulzeit – Schooltied, de
Schuster – Schooster, de
schwach – swaak
schwächlich – fipzig
Schwalbe – Swalk, de
Schwan – Swaan, de
Schwarte – Swaart, de
schwarz – swatt
Schwarzbrot – Swattbroot, dat
Schwarzfahrer – Swattfohrer, de
Schwarzwurzel – Swattwörtel, de
schwatzen – praatschen
Schwebe – Sweev, de
schweben – sweeven
Schwefel – Swefel, de
schweigen – swiegen
Schwein – Swien, dat
Schweinebraten – Swiensbroden, de
Schweiß – Sweet, de
schwelen – sengeln
schwelgen – swögen
Schwengel – Swengel, de
schwer – swaar
Schwester – Swester, de; Sister, de

Schwiegermutter – Swiegermodder, de
Schwiegersohn – Swiegersöhn, de
Schwiegertochter – Swiegerdochter, de
Schwiegervater – Swiegervadder, de
Schwimmbad – Swümmbad, dat
schwimmen – swemmen
Schwimmeister – Swümmeister, de
schwindelig – swinnelig
schwitzen – sweeten
schwören – swören
schwül – bruddig
Schwung – Swung, de
Schwur – Swoor, de

Am Fischmarkt

In Pöseldörp dor snackt man vornehm
Regenwurmpopo
In Blankenese klingt dat hochdütsch
Stief und ebenso
Doch kümmst du no'n Fischmarkt
So rund bi Eier Cohrs
Dor heurst du, wie man liebevull
To di seggt ... Mettenmors ...

Tabak – Toback, de
Tafel – Tofel, de
Tag – Dag, de
Tagelöhner – Daglöhner, de
Talentsucher – Talentseuker, de
Talg – Tallig, de
Tanne – Dann, de
Tannenbaum – Dannenboom, de
Tanzbein – Danzbeen, dat
tanzen – danzen
Tanzmaus – Danzmuus, de
Taschentuch – Taschendook, dat
Tasse – Taß, de
Taube – Duuv, de
Täuberich – Duuver, de
Tauende – Tampen, de
taufen – döpen
taugen – dögen
Taugenichts – Sleef, de
Tausch – Tuusch, de
tausend – dusend
Tauwetter – Dauwedder, dat
Teich – Diek, de
teilen – delen

Telefon – Klöönkassen, de
Teller – Töller, de
teuer – düür
Teufel – Düvel, de
Theodor – Teetje, de
tief – deep
Tier – Deert, dat
Tinte – Dinte, de
Tintenfaß – Blackpott, de
Tischler – Discher, de
Tischlerei – Discheree, de
Tochter – Dochter, de
Tod – Dood, de
Töpfer – Püttjer, de
töten – affmurksen
toll – dull
Tonbank – Teek, de
Tonne – Tünn, de
Topf – Putt, de
Tor – Door, dat
Tornister – Tornüster, de
tot – doot
Toter – Dooder, de
Totengräber – Kulengräver, de
Tour – Tuur, de
traben – draven
träge – nuddelig
Träne – Traan, de
tränen – traanen
träumen – drömen
tragen – dregen
trauen – truen
trauern – truern
Traum – Droom, de
traurig – trurig
treffen – drapen
treiben – drieven
Treiber – Driever, de
Treppe – Trepp, de
treten – pedden
treu – tru
trinken – drinken
trocken – dröög
trödeln – nödeln
Trommel – Trummel, de
Tropfen – Druppen, de
trotzdem – liekers
Truhe – Laad, de
Tuch – Dook, dat
Tür – Döör, de
Türdrücker – Klink, de
Türke – Törk, de
Tüte – Tüüt, de
tun – doon
Turm – Toorm, de; Toorn, de

Suerkrut mit Iesbeen un Arfenpüree ...

O, Suerkrut mit Iesbeen un Arfenpüree
dat is Di een Eeten! Dor schrieg ick »Juchhe!«
Dat Iesbeen, dat mutt vun dat Achterbeen sien,
denn achter sünd ganz lütte Knoken bloots in.
Dat meiste is Fleesch, un dat smeckt jo sooo good!
Dor ward Di woarraftig ganz anners tomood!!!

Jo, Suerkrut mit Iesbeen un Arfenpüree, –
wat meenst: is dat nich mol een goode Idee?

Letzt jammer mien Fru: »Mann, wat kok ick bloots hüüt?«
Dor sä ick: »Mien Deern, dat is doch an de Tied
för Suerkrut mit Iesbeen un Arfenpüree!
Dat weer doch mol wat, wenn'ck de Sook richdig seh!
Wi hebbt dat doch een ganze Tied nich mehr hatt;
an Suerkrut mit Iesbeen eet wi düchdig uns satt!«

Jo, Suerkrut mit Iesbeen un Arfenpüree, –
wat meenst: is dat nich mol een goode Idee?

»O Mann«, sä mien Fru, »dat krieg forts ick to Füer!
Ick kok glieks för twee Dog, denn ward't nich so düer!«
Un ehr ick mi dat noch so richdig versöh,
dor damp all de Putt, un dat güng een, twee, dree.
Denn rök dat all smüsig no Iesbeen un Kohl, –
un ick hög mi all dull up mien fein' Middagsmohl ...

Jo, Suerkrut mit Iesbeen un Arfenpüree, –
dat weer doch woarraftig – mien beste Idee!!!

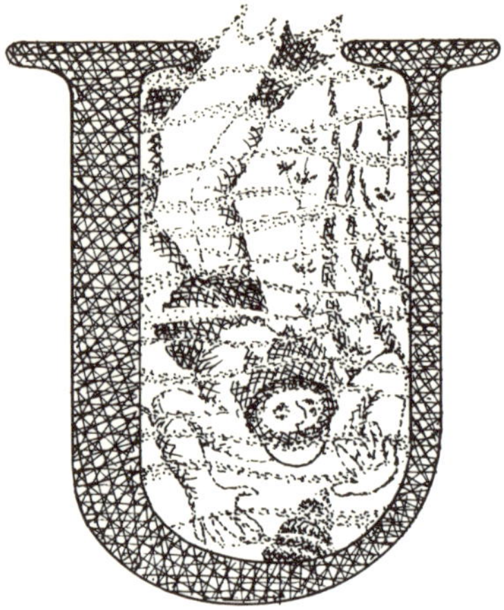

übelnehmend – övelnehmsch
über – öber
überall – allerwegens
überaus – öberrut
Überdecke – Spreedeek, de
überein – övereen
Überfall – Överfall, de
überflüssig – överleidig
überhaupt – överhaupt
Überhemd – Buscherump, dat
überlegen – överleggen
übermorgen – övermorgen
übernachten – övernachten
übrig – övrig
Uhr – Klock, de
umsonst – umsünst
umständlich – pütscherig
Umstand – Ümstand, de
Umzug – Ümtog, de
unansehnlich – schetterig
Unart – Unaart, de
uneben – knubberig
unfreundlich – schabbig; unfründlich
ungeschickt – tapsig
ungläubig – unglöövsch
ungut – ungoot
Unkraut – Unkruut, dat

unordentlich – flusig
Unordentlicher – Fluspeter, de
unruhig – kabbelig
unsauber – snuddelig; smuddelig
unten – ünnen
unterdessen – mitdem
unterhalten – klönen
Unterhaltung – Klöönsnack, de
Untersatz – Ünnersatz, de
Unterschied – Ünnerscheed, de
unterwegs – ünnerwegens
untertauchen – duken
unverschämt – unverschaamt
Unwetter – Unwedder, dat

Bookweetengrütt ...

Hüüt is dat Mod, datt Mannslüüd kokt;
dat heff ick nülich ook mol mookt.
In'n Putt, dor leet ick Woter in
un kreeg Bookweetengrütt dor rin;
een lütt' Pris Solt keem ook noch ran
un bald füng all'ns to koken an ...

Bookweetengrütt, Bookweetengrütt,
dat is een Kost ut ole Tied

No tein Minuten weer se goar,
de Grütt – un rök so wunnerbor.
Mi weer't, as wenn dat Festdag weer
un gau hol ick een'n Töller her.
Wat hög ick mi up miene Grütt!
De Oogen eeten düchdig mit ...

Bookweetengrütt, Bookweetengrütt,
dat is een Kost ut ole Tied

Mit'n Löpel mook ick in de Mitt
een deepes Lock in miene Grütt;
dor keem nu goode Bodder rin,
wiel'n grooten Leckertähn ick bün.
Denn geut ick Seutmelk lang den Rand,
de hört dorto, dat is bekannt ...

Bookweetengrütt, Bookweetengrütt,
dat is een Kost ut ole Tied

Un denn vertehr ick ehr, scheun hitt,
mien deftige Bookweetengrütt.
Mien Fru weer as'n Brett, so platt,
un sä, so'n Grütt harr s' lang nich hatt.
Denn sä se noch: »Büst doch wat wert!«
– un ick mutt däglich nu – – – an'n Herd ...

Bookweetengrütt, Bookweetengrütt,
dat is een Kost ut ole Tied.

Vater – Vadder, de
verärgert – vergretzt
verbieten – verbeden
verdauen – verknusen
Verdeck – Deck, dat
verderben – verdarben; vermanschen
verdienen – verdenen
Verdienst – Verdeenst, de
verdrießen – verdreten
verdrießlich – quarrig
Verein – Vereen, de
vergeblich – vergeevs
vergessen – vergeten
Vergleich – Vergliek, de
vergleichen – verglieken
Vergnügen – Vergnögen, dat
verheddern – tüdern
verirren – verbiestern
verkauft – verköft
Verlaß – Verlaat, de
verlieren – verleren
verlobt – verlovt; enig
Verlobung – Verlööfnis, dat
vermieten – vermeden
verrückt – mall
Verrücktheit – Splienigkeit, de

verrückt spielen – tokehrgahn
verschimmeln – verspaken
verschleißen – sleetsch
Versehen – Versehn, dat
versetzen – versetten
versprechen – verspreken
versprochen – versproken
Verstand – Grips, de
versuchen – versöken
verteufeln – verdüweln
vertragen – verdregen
vertrauen – vertroon
vertrocknen – verdreugen
Vetter – Vedder, de
Vieh – Veeh, dat
Viehfutter – Veehfoder, dat
viel – veel
vielleicht – villicht
vier – veer
viermal – veermol
Viertel – Veddel, dat
vierundvierzig – veerunveerdig
vierzehn – veertein
vierzig – veertig
violett – vigelett
Vogel – Vagel, de
Vogt – Vaagt, de
voll – vull
vollständig – vullstännig; kompleet
volltrunken – vullbuddelt
von – vun
Vorarbeiter – Stootsgesell, de
voraus – vörut
vorbei – vörbi
vorgestern – vörgistern
Vormittag – Vörmiddag, de
vorne – vöörn
vornehm – vörnehm
Vorrede – Vörreed, de
Vorsicht – Vörsicht, de
vorsichtig – kiekut
vorstellen – vörstellen
Vorteil – Vördeel, de

Mi köhnt se all …

In Berlin op de Stroot
Steiht 'n Jung … 'n kesser Kleener
Kikt frech in de Welt
Seggt, mir kann keener
'n Hamburger Buttje
in düssen Fall
Kikt plietsch in de Welt
Seggt, mi köhnt se all

Waage – Waag, de
Waagschale – Waagschool, de
wach – waak
Wache – Wach, de
wachen – waaken
Wachs – Waß, dat
wachsen – wassen
Wachstuch – Waßdook, dat
Wärme – Warmst, de
Wäsche – Wäsch, de
Waffe – Wap, de
Wagen – Waag, de
wahr – wohr
wahrhaftig – wohrhaftig
Wahrheit – Wohrheit, de
wahrnehmen – wohrnehmen
Wald – Woold, de
Walnuß – Wallnutt, de
Walter – Waller, de
wandern – wannern
Wanderung – Wannerung, de
wann – wanneer
Wanze – Wanz, de
war – ween
Ware – Kraam, de
warum – worüm

was – wat
Wasserkante – Waterkant, de
Wasserlauf – Priel, de
waten – waden
Webstuhl – Weevstohl, de
Weg – Stieg, de
Wegweiser – Wiespahl, de
wehen – weihen
wehtun – wehdoon
Weib – Wief, dat
weich – week
weichen – weeken
Weide – Weid, de
Weihnachten – Wiehnachten, de
Weihnachtsbrauch – Juulklapp, de
Weihnachtsmann – Wiehnachtsmann, de
Weile – Wiel, de
Wein – Wien, de
weinen – wenen
Weise – Wies, de
weiß – witt
weißen – wittschern
weit – wiet
Weizen – Weten, de
welcher – welk
wenden – wennen
wenig – 'n bitten
werben – warven
werfen – smieten
Werft – Warft, de
Werk – Wark, dat
Werkstatt – Warkstatt, de
Werktag – Warkeldag, de
Wette – Wett, de
Wetter – Wedder, dat
widerspenstig – wedderböstig
Widerwillen – Weddersinn, de
wie – wodennig
wieder – wedder
Wiege – Weeg, de
wiegen – wegen
Wiese – Wisch, de
Wirbel – Warvel, de
Wilhelm – Willem, de
wirklich – würklich
Wirt – Weert, de
Wirtshaus – Kroog, de; Wirtshuus, dat
wissen – weten
Witwe – Weetfru, de

Witwer – Wittmann, de
Witz – Dööntje, de
wo – woneem
Woche – Week, de
Wochentag – Alldaag, de
Wörterbuch – Wörtbook, dat
wohnen – wahnen
Wohnstube – Wahnstuuv, de
Wohnung – Wahnung, de
Wolf – Wulf, de
Wolle – Wull, de
wollen – wüllen
Wort – Woort, dat
wühlen – wöhlen
würgen – wörgen
Würger – Wörger, de
Wunde – Wunn, de
wunderbar – wunnerbar
Wunderwerk – Wunnerwark, dat
Wurf – Smeet, de
Wurm – Worm, de
Wurstmacher – Wußmaker, de
Wurzel – Wörtel, de
Wurzel (Baum) – Knubben, de

Matjesfilet mit Kantüffel und Stipp

Eet doch mol Kantüffel mit Matjesfilet
dorto greune Bohnen, 'ne Klasse Idee.
Dat smeckt ganz besonners god an Sommerdogen
und Du kannst erfreu'n dormit Tung und Mogen.

Ick segg di, dat is watt
dat smeckt ganz famos
Kantüffel mit Matjes und Bohnen
ganz grot.

Dat sett keen Gramm Fett an,
Du hölst Dien Gewicht.
Up Matjes mit Bohnen –
verzich' darup nich.

Ick gev Di noch'n besonnern Tip
eet zünftig dorto
ut Speck eene Stipp.

So ist dat ...

Am Strand bi Ebbe seggt de Hein
To sienen lütten Mägdelein
Ik freu mi di hier to sehn
Wie bist du bruun, wie bist du scheun
Dor meent se, Hein, si doch so good
Goh schnell in't Woter, denn de Floot
Verdeckt for all de veelen Lüüd
Dien groote Freud, de du hest hüüt

zäh – taach
zählen – tellen
Zahl – Tall, de
zahm – tamm
Zahn – Tehn, de
Zahnarzt – Tehnknieper, de; Tehnklempner, de
Zapfhahn – Tapphohn, de
Zapfstelle – Tappstell, de
Zaun – Tuun, de
Zehe – Teuhn, de
zehn – tein
Zehner – Teiner, de
zehren – tehren
Zeichen – Teeken, dat
Zeichenpapier – Teekenpapeer, dat
zeichnen – teken
Zeit – Tied, de
zeitlebens – tiedlevens
Zeit seines Lebens – Siendaag
Zeitvertreib – Tiedverdrief, de
Zement – Sement, de
zerren – tasen
zerstören – tonicht maken
zerstreut – fahrig
Zettel – Zedel, de
Zeug – Tüüch, dat

Zeuge – Tüüg, de
Zeugnis – Tüüchnis, dat
Zeugnisbuch – Tüügnisbook, dat
Ziege – Seeg, de; Zeeg, de
Ziegel – Tegel, de
Ziegelei – Tegelee, de
Ziegenbock – Zeegenbuck, de
ziehen – trecken
ziemlich – teemlich
Zimmer (schlecht) – Kabuff, dat
zimmern – timmern
Zinn – Tinn, dat
Zinnbecher – Tinnbeeker, de
Zipfel – Slipp, de
zittern – bebern
zitterig – tatterig
Zitze – Titt, de
zögern – tögern
zögernd – tögerig
Zorn – Raasch, de
zu – to
zubinden – tobinnen
Zucht – Tucht, de
Zuchthaus – Tuchhuus, dat
Zuchtpferde – Tuchpeerd, dat
Zügel – Togel, de
Zündholz – Swevelstick, dat
zuerst – toerst
zufällig – tofällig
Zufall – Tofall, de
zufassen – tofaaten
zufassen kriegen – faatkriegen
zufrieden – tofreeden
Zugabe – Togaav, de
Zugereister – Quiddje, de
Zuggraben – Toggraven, de
zuhause – tohuus
zukünftig – tokünftig
Zukunft – Tokunft, de
zuletzt – toletzt
zum – tod'n
zumeist – tominnst
zum Schein – quantswies
Zunder – Tunner, de
Zunge – Tung, de
zurecht – torecht
zurechtmachen – trechtmoken

zur Not – tonoot
zurück – trüüch
zusammen – tosomen
zusammenarbeiten – schaarwarken
zusammenholen – raken
Zustand – Tostand, de
zuviel – toveel
Zuwachs – Towass, de
zuweilen – mitto
zuwieder – towedder
zwanzig – twintig
zwei – twee
zweierlei – tweerlei
Zweifel – Twiefel, de
Zweig – Twieg, de
zweimal – tweemol
Zweite – Tweete, de
Zweiter – Tweeter, de
Zwerg – Ünnereerdsche, de
Zwieback – Tweeback, de
Zwiebel – Zibbel, de; Schalott, de
Zwilling – Twilling, de
Zwirn – Tweern, de
Zwirnsfaden – Tweernfoden, de
zwischen – twischen, mang
zwischendurch – twischendorch
zwölf – twölf

Rundstück warm …

Hier an de Küst, ob riek ob arm
itt jeder gern mol Rundstück warm
Dorto 'n Beer un noch 'n Klorn
denn kanns noch mit dien Auto fohr'n
un hest keen Arger mit Promill
de Olle schimpt nich, is ganz still
se freut sick un se seggt mit Charm
eet lever öfter Rundstück warm
dorvon warst du nich fett
Mark di nun dat Rezept

So'n Brötchen nennt man Rundstück
dat snitt man ut'nanner
veer Schieb'n von Swiens oder Rinnerbroden
de leggt man öber'n anner
op jede Hälfte von dat Rundstück
koomt twee Schieben ropp
un öber ditt kummt heete Brodenschü
ob beide Hälften op

De Zeebrastriepen

De Oma de kann dat nich richtig begriepen
Se geiht jümmers vör den Zeebrastriepen
De Wachtmeister seggt, verstehn sie das nicht
Geh'n sie doch mal gerade über den Strich
De Oma brummt, sabbeln sie man
Dat lött mi kold
Op'n Strich to gohn
Dovor bün ik to old

ich – ick
du – du
er – he
sie – se
es – dat
wir – wi
ihr – ji
sie – se

ich bin – ick bün
du bist – du büst
er ist – he is
sie ist – se is
es ist – dat is
wir sind – wie sünd
ihr seid – ji sünd
sie sind – se sünd

ich war – ick weer
du warst – du weerst
er war – he weer
sie war – se weer
es war – dat weer
wir waren – wi weeren
ihr wart – ji weeren
sie waren – se weeren

ich bin gewesen – ick bün west
du bist gewesen – du büst west
er ist gewesen – he is west
sie ist gewesen – se is west
es ist gewesen – dat is west
wir sind gewesen – wi sünd west
ihr seid gewesen – ji sünd west
sie sind gewesen – se sünd west

ich, meiner, mir, mich – ick, mien, mi, mi
du, deiner, dir, dich – du, dien, di, di
er, seiner, ihm, ihn – he, sien, em, em
sie, ihrer, ihr, sie – se, er, se, se
es, seiner, ihm, es – dat, sien, em, dat
wir, unser, uns, uns – wi, uns, uns, uns

ihr, euer, euch, euch – ji, ju, ju, se
sie, ihrer, ihnen, sie – se, er, er, se

Montag – Maandag
Dienstag – Dingsdag
Mittwoch – Middeweken
Donnerstag – Dunnersdag
Freitag – Freedag
Sonnabend – Sünnavend
Sonntag – Sünndag

eins – een
zwei – twee
drei – dree
vier – veer
fünf – fiev
sechs – söß
sieben – söben
acht – acht
neun – neegen
zehn – tein
elf – ölven
zwölf – twölf
dreizehn – dörtein
vierzehn – veertein
fünfzehn – föfftein
sechzehn – sößtein
siebzehn – söbentein
achtzehn – achtein
neunzehn – neegentein
zwanzig – twintig
dreißig – dörtig
vierzig – veertig
fünfzig – foftig, föfftig
sechzig – sößtig
siebzig – söbentig
achtzig – achtig
neunzig – neegentig
hundert – hunnert
tausend – dusend

Notizen